AF498374

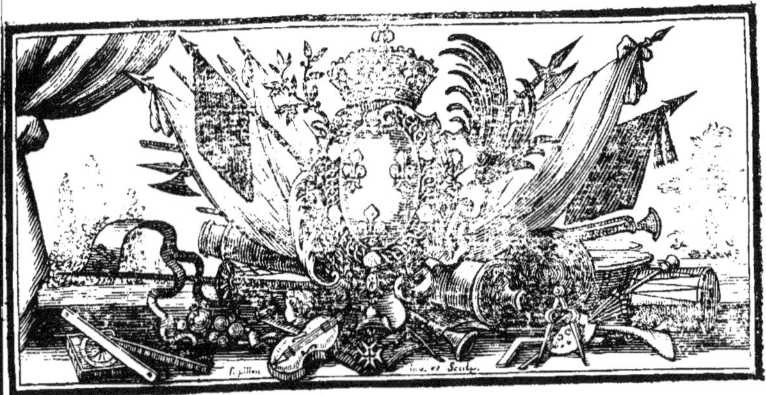

INSTRUCTION

POUR L'INFANTERIE,

Concernant l'exécution de l'Ordonnance du 7 mai 1750.

SUR le compte qui a été rendu au Roi, des différences qui se trouvent dans la manière dont chaque régiment & souvent même les Soldats du même corps, exécutent une partie des commandemens qui sont compris dans ladite ordonnance ; Sa Majesté a ordonné de dresser la présente instruction, dont l'objet est d'apprendre à chaque Soldat en particulier à manier ses armes & à marcher, avant de les exercer ensemble ; d'expliquer & de perfectionner quelques mouvemens qui ont été mal entendus, ou dans la pratique desquels on a remarqué quelques inconvéniens; & d'en ajoûter d'autres, qui, quoiqu'ils ne soient pas inférés dans l'Exercice, doivent cependant avoir lieu dans certaines occasions.

E'COLE DU SOLDAT.

AUSSI-TOST que le Commandant de chaque régiment *Communication aux Officiers.*

A

aura reçû cette inſtruction, il en aſſemblera les Officiers pour la leur communiquer, & leur faire entendre que l'intention du Roi eſt qu'ils commencent par s'inſtruire eux-mêmes de ce que le Soldat doit exécuter, afin de ſe mettre en état de le commander à leur troupe, & d'être à portée d'aider les Officiers majors dans l'occaſion.

Officier major. Le Major aſſemblera enſuite les Officiers majors du régiment, pour lire en leur préſence, avec la plus grande attention, les différens articles de cette inſtruction, & ſur-tout les explications ſur les commandemens de l'exercice qui tendent à mettre plus d'exactitude & de préciſion dans les mouvemens ; s'exerçant avec eux à les bien exécuter, juſqu'à ce que tout l'Etat-major en ſoit parfaitement inſtruit.

Première claſſe. Il ſera formé alors un état par compagnie, des Sergens, Caporaux, Anſpeſſades & Soldats en qui l'on aura remarqué le plus de diſpoſition à manier ſes armes & à marcher; la totalité deſquels ſera partagée également entre les Officiers majors qui les exerceront, comme il ſera ci-après preſcrit, d'abord un à un, juſqu'à ce qu'ils aient acquis une exécution préciſe, puis deux à deux.

Seconde claſſe. Ces hommes choiſis ayant été bien exercés, on en formera une première claſſe, qui inſtruira la ſeconde compoſée du reſte du régiment, en répartiſſant par compagnie aux Sergens, Caporaux & Anſpeſſades, & à leur défaut aux Soldats qui compoſeront cette première claſſe, ceux qui ne ſeront pas ſuffiſamment inſtruits, pour les former ſuivant la même méthode qui leur aura été appriſe.

Paſſage de la première à la ſeconde claſſe. Quand ces hommes chargés d'inſtruire les autres, croiront avoir mis quelqu'un en état de paſſer à la première claſſe, ils le préſenteront d'abord aux Officiers de leur compagnie, qui l'examineront avec attention ; s'ils ne le trouvent pas encore aſſez exercé, ils refuſeront de l'y admettre ; ſi au contraire l'homme préſenté leur paroît dans le cas d'être reçû, leſdits Officiers le propoſeront eux-mêmes au Commandant du régiment, qui le verra s'il le juge à propos, & le fera examiner par les Officiers majors: les fautes les plus légères suffiront pour le refuser; & nul ne pourra passer de la seconde classe à la première, sans avoir subi ce dernier examen.

Lorsque tout le régiment ou la plus grande partie aura passé à la première classe, on distribuera chaque compagnie en escouades de cinq ou six Soldats, qui continueront d'être exercés par les Caporaux, Anspessades ou anciens Soldats les plus instruits de ladite compagnie, lesquels seront personnellement responsables du succès des exercices de leurs escouades vis-à-vis des Sergens, & leur en rendront compte : les Sergens se trouveront eux-mêmes à ces exercices toutes les fois qu'ils n'en seront point empêchés par leur service, ou pour d'autres soins indispensables attachés à leur place, & ils en répondront aux Officiers, qui s'en prendront directement à eux lorsqu'ils remarqueront du relâchement & de la négligence de la part du Soldat. *Formation d'escouades.*

Les Soldats de la seconde classe seront exercés tous les matins sur le rempart, ou sur la place du quartier, ou dans la chambre quand le temps ne permettra pas de sortir, par les Sergens, Caporaux, Anspessades, ou Soldats de la première classe auxquels ils auront été répartis. *Jours des exercices.*

Les Soldats de la première classe seront exercés au quartier tous les dimanches, par le Chef de l'escouade duquel ils seront; les Caporaux & Anspessades le seront tous les mardis après midi par les Sergens de leurs compagnies, & ceux-ci tous les 2, 12 & 22 de chaque mois aussi après midi, par les Officiers majors.

Si le Chef d'une escouade se trouve de service, malade ou absent le jour fixé pour les exercices de la première classe, le Soldat de cette escouade le plus ancien & en même temps le plus capable, l'exercera à sa place. *Remplacement des absens.*

Le plus ancien & le plus capable des Caporaux exercera

de même les Caporaux & Anspessades, à la place du Sergent qui pourroit manquer.

Grenadiers. Les compagnies de Grenadiers seront exercées de même que celles de Fusiliers ; & on observera également, à l'égard des uns & des autres, tout ce qui est prescrit par cette instruction.

Permission de travailler. Il ne sera donné de permission de travailler à aucun Soldat, que lorsqu'il aura été admis à la première classe ; & cette permission ne le dispensera jamais de se trouver à l'exercice du dimanche : si l'on s'aperçoit qu'il se soit négligé, il sera remis à la seconde classe, & la permission de travailler lui sera retirée jusqu'à ce qu'il soit rentré dans la première.

Soldat en faute remis à la seconde classe. Ceux qui, après avoir été admis à la première classe, se trouveront en défaut sur quelque partie de l'exercice que ce soit, seront remis à la seconde, non seulement pendant le temps nécessaire pour corriger ce défaut, mais encore quelques jours au-delà, selon que la faute qu'ils auront commise sera plus ou moins grande ; & si cette faute provenoit d'une mauvaise habitude contractée depuis long-temps par la négligence du Sergent & du Chef d'escouade, ce Sergent & ce Chef d'escouade seront punis très-sévèrement, ainsi que le Soldat.

Exercice de la garde montante. La troupe destinée à monter la garde sera exercée par première & seconde classe, immédiatement après la première inspection faite au quartier & dans le lieu même où cette inspection aura été faite : il sera commandé tous les jours à l'ordre à cet effet un Capitaine en pied par régiment composé d'un ou de deux bataillons, lequel sera chargé de l'exercice des Soldats de la première classe qui manœuvreront ensemble ; le Sergent le plus ancien de ceux qui monteront la garde, exercera en même temps ceux de la seconde classe, & il sera aidé par les autres Sergens & Caporaux montant la garde, suivant le nombre.

Dans

Dans les régimens compofés de trois ou quatre bataillons, la garde fera partagée entre deux Capitaines en pied qui feront commandés pour en exercer chacun féparément une moitié.

Il fera commandé tous les deux jours à l'ordre par chaque bataillon, un Officier, Capitaine en fecond, Lieutenant ou Enfeigne, pour exercer enfemble l'après-midi quatre compagnies formant au moins foixante-quatre hommes de la première claffe. Ces Officiers feront nommés chacun à leur tour, de même que les compagnies, dont les Caporaux & Anfpeffades feront difpenfés de cet exercice, hors le cas où ils deviendroient néceffaires pour compléter le nombre de foixante-quatre. *Exercice de quatre compagnies par bataillon.*

Toute l'Infanterie fera exercée à marcher uniformément les différens pas prefcrits ci-après, & à exécuter de même les commandemens du maniement des armes. *En quoi confiftera l'exercice.*

On commencera par apprendre aux Soldats à marcher fans armes, trois fortes de pas en avant; le petit pas, le pas ordinaire & le pas redoublé: on ne paffera à l'inftruction du fecond pas que quand le Soldat aura exécuté le premier comme il convient, & qu'il y fera bien affermi; l'on obfervera de même de n'en venir au troifième pas, qu'après que les hommes exercés feront bien fûrs des deux premiers. *Trois pas en avant.*

La longueur du petit pas fera déterminée à huit pouces, celle du pas ordinaire à vingt-quatre pouces, & ces deux efpaces feront toûjours parcourus dans le même temps d'une feconde, à commencer de l'inftant où la jambe fera mife en mouvement, jufqu'à celui où elle fera pofée. Quant au pas redoublé, fa longueur fera auffi fixée à vingt-quatre pouces; mais on y apportera le double de vîteffe, de forte que l'on faffe deux de ces pas en une feconde. *Longueur & durée de chaque pas.*

Pour accoûtumer les Soldats à former ces pas régulièrement, on tracera deux lignes divifées exactement, *Lignes divifées.*

l'une en espaces de huit pouces, & l'autre en espaces de vingt-quatre pouces : on exercera d'abord les Soldats un à un, ensuite deux à deux, à parcourir ces deux lignes dans le temps prescrit, de manière qu'à la fin du soixantième pas de huit ou de vingt-quatre pouces, il se soit écoulé précisément une minute, & pour le pas redoublé le même temps d'une minute à la fin du cent vingtième pas ; & l'on fera bien observer au Soldat cette mesure de temps, pour qu'il s'en ressouvienne lorsqu'il marchera dans le bataillon.

Le Soldat étant rompu à parcourir ces lignes, on en tracera d'autres divisées de cinq en cinq pas, de dix en dix, de vingt en vingt, de quarante en quarante, & de soixante en soixante, afin de voir s'il parcourra ces différens espaces dans le temps & avec le nombre de pas prescrits.

Pour s'arrêter. On accoûtumera le Soldat à s'arrêter au mot de *halte* en marchant ces trois sortes de pas, & à placer sur le champ, après ce commandement fait, le pied qui seroit derrière, sur le même alignement de celui qui sera devant.

Forme du pas. Le pas sera toûjours fait en un temps : la jambe tendue sera portée en avant sans nulle affectation, le pied rasant la surface du terrein sur lequel on marchera, & posant à terre, de manière que chaque partie y appuye en même temps.

Marche avec armes. Lorsque les Sergens, Caporaux, Anspessades & Soldats auront été suffisamment exercés à marcher en avant sans armes, on les fera marcher avec leurs armes un à un, deux à deux, quatre à quatre, huit à huit, douze à douze & seize à seize, sur un, deux, trois & quatre rangs, tantôt à rangs ouverts, tantôt à rangs serrés, ayant attention qu'ils marchent bien droit devant eux, les épaules toûjours alignées, & les rangs à la distance prescrite par l'ordonnance du 7 mai 1750, jusqu'à ce qu'ils soient sûrs de leurs pas, de la mesure de temps à y employer,

& de tout ce qui peut être relatif au mouvement en avant.

Quand, pour exécuter ces marches fur plufieurs rangs ou pour l'exercice du feu, on joindra plufieurs efcouades enfemble, le plus ancien des Caporaux, Anfpeffades ou Soldats prépofés à ces efcouades, les commandera.

Les Sergens, Caporaux, Anfpeffades & Soldats feront *Pas de côté.* enfuite exercés à marcher les deux efpèces de pas de côté, celui qui s'exécute fans fortir du même alignement, & celui qui fe fait dans un fens oblique en gagnant du terrein en avant, tous les deux exécutés de gauche à droite & de droite à gauche.

Le pas de gauche à droite fur le même alignement *Sur le même* s'exécutera en portant le talon du pied gauche appuyé *alignement.* en équerre contre la pointe du pied droit, & enfuite le talon du pied droit à huit pouces du point où étoit la pointe de ce même pied.

Le pas de côté en gagnant du terrein en avant fur la *En gagnant du* droite, fe fera en portant le pied gauche vis-à-vis, à huit *terrein en avant.* pouces en avant de la pointe du pied droit, & celui-ci huit pouces en avant de la droite de la pointe du pied gauche, obfervant l'obliquité néceffaire pour arriver au lieu où on veut aller par la ligne la plus droite.

Pour marcher de droite à gauche, on exécutera les mêmes chofes, le pied droit faifant alors l'office du gauche, & le gauche celui du droit.

Chacun de ces pas de côté fera fait en une feconde ; *Durée des pas* pour cet effet les Soldats feront également exercés à en *de côté.* faire foixante par minute, en les prenant toûjours un à un, deux à deux, quatre à quatre, huit à huit, douze à douze & feize à feize, fur un, deux, trois & quatre rangs ; obfervant que les jambes foient toûjours bien alignées, & que l'obliquité du mouvement foit la même pour tous les hommes qui devront fe mouvoir enfemble fur des directions parallèles entre elles pendant toute la durée du mouvement.

On accoûtumera le Soldat à s'arrêter & à se dresser au mot de *halte*, comme il a été dit pour le pas en avant.

Tambours. Les Tambours seront aussi exercés à marcher les différens pas dont il a été parlé, & dans la mesure de temps prescrite à chacun : on les prendra un à un, deux à deux, quatre à quatre, huit à huit & enfin tous ensemble, en commençant par le petit pas, ensuite le pas ordinaire & le pas redoublé, & finissant par les deux espèces de pas de côté.

Maniement des armes. Le Soldat étant habitué aux différens pas en avant & de côté, on l'instruira au maniement des armes, conformément à l'ordonnance du 7 mai 1750, ayant égard aux observations ci-après expliquées.

On prendra d'abord les Soldats un à un, & on leur fera exécuter tous les temps avec vivacité & précision.

On les mettra ensuite deux à deux & jamais en plus grand nombre, & on prendra garde qu'ils partent bien ensemble.

Le Soldat de la gauche devant se régler sur les mouvemens de celui de la droite, on les fera changer de place alternativement.

Temps du feu. A l'égard des temps du feu, pour mettre en joue, tirer & recharger les armes, les Soldats, après y avoir été exercés séparément & successivement sur les mouvemens particuliers à chaque rang, y seront employés par quatre, huit, douze & seize hommes à la fois sur quatre rangs, & on leur fera marquer les temps très-légèrement, afin d'en pouvoir porter la vivacité au point de tirer trois coups au moins par minute, la bayonnette étant toûjours au bout du canon du fusil, abrégeant en ce cas, autant qu'il sera possible, les intervalles de temps qui sont prescrits ci-après pour le maniement des armes.

Indépendamment

Indépendamment des exercices particuliers ci-deffus ordonnés, chaque bataillon fera exercé en entier au moins une fois tous les huit jours, depuis le premier mai jufqu'au premier septembre; & tous les bataillons d'un même régiment le feront enfemble une fois en quinze jours.

Dans les huit autres mois de l'année, les bataillons s'exerceront une fois tous les quinze jours, & les régimens de plufieurs bataillons tous les mois.

Les Soldats de la feconde claffe ne feront point confondus dans ces exercices avec ceux de la première, & ils feront exercés enfemble à l'écart fur la gauche, ou derrière le bataillon ou le régiment.

Les Capitaines, Lieutenans, Sous-lieutenans & Enfeignes feront tenus de favoir exécuter & commander le maniement des armes & les différens pas.

Ceux des Lieutenans, Sous-lieutenans & Enfeignes qui ne feront pas fuffifamment inftruits, feront exercés tous les jours l'après-midi par un Officier major qui les commandera l'épée à la main, jufqu'à ce qu'ils foient bien rompus aux différens pas en avant & de côté, au maniement des armes & à l'exécution vive des temps du feu; après quoi ils ne feront plus exercés que le 3 & le 18 de chaque mois, avec les autres Lieutenans, Sous-lieutenans & Enfeignes.

Le Commandant du corps fe trouvera, le plus fouvent qu'il lui fera poffible, aux exercices des Lieutenans, Sous-lieutenans & Enfeignes; & lorfque quelque cas imprévû l'empêchera d'y aller, il aura foin de faire avertir le plus ancien Officier après lui, afin qu'il s'y trouve à fa place.

Outre le Capitaine qui fera faire l'exercice au détachement de chaque régiment commandé pour la garde, comme il eft dit ci-deffus, il fera commandé tous les jours un Officier par bataillon, pour être préfent aux exercices du quartier : cet Officier aura la plus grande attention à

Exercices des bataillons & régimens.

Obligations des Officiers.

C

examiner ſi tous les Soldats du bataillon ſeront effective-
ment exercés de la manière dont ils doivent l'être; il ne
ſouffrira pas qu'on leur paſſe la moindre négligence, &
il ſera tenu d'en rendre compte au Commandant.

Toutes les fois que le bataillon ou le régiment prendra
les armes pour s'exercer, les Officiers ſalueront de leurs
armes de pied ferme & en marchant, & les Enſeignes
du drapeau, le Commandant étant à leur tête.

Exercice remis. Quand il ſurviendra quelque circonſtance qui empêchera de faire aux jours preſcrits l'exercice, ſoit des
Officiers, ſoit des Sergens, Caporaux, Anſpeſſades &
Soldats, le matin ou le ſoir, en général ou en particulier,
cet exercice ſera renvoyé au lendemain.

OBSERVATIONS

Sur quelques commandemens de l'Ordonnance du 7 mai 1750.

PREMIER COMMANDEMENT.

Préparez-vous à faire l'Exercice.

ON avertira les Soldats d'avoir l'air fier sans contrainte dans toutes les situations où ils se trouveront.

On les fera partir immédiatement après le dernier mot du commandement lorsque le maniement des armes s'exécutera à la voix, & aussi-tôt après le coup de baguette quand il sera exécuté au son de la caisse; & on les instruira à mettre une seconde entre l'exécution de chaque temps des commandemens qui en ont plusieurs.

Celui qui commandera l'exercice s'habituera à mettre deux secondes de repos entre l'exécution d'un commandement & le commencement du suivant, & ce même intervalle sera observé par les Soldats quand ils feront l'exercice à la muette.

Pour mettre toute la précision possible dans ces différens repos, on accoûtumera les Soldats à compter *un, deux,* pour la valeur d'une seconde, & à répéter cette formule autant de fois qu'ils auront de secondes à attendre pour exécuter leurs mouvemens; au moyen de quoi il n'y aura plus de prétexte pour faire avancer un Soldat qui leur serve de modèle, ce dont il est de toute nécessité de les deshabituer.

Quant à l'exécution des mouvemens, on aura attention que les Soldats y emploient la plus grande vivacité, qu'ils arrivent à l'objet proposé par la voie la plus courte, passant toûjours leurs armes très-près du corps, sans souffrir aucuns mouvemens alongés; qu'ils n'y mêlent rien d'étranger,

& qu'à la fin de chaque temps il y ait une ceſſa-
tion totale de mouvement.

2.ᵉ COMMANDEMENT.

Portez le fuſil en avant.

On obſervera que tout ce qui eſt ordonné au
premier temps doit être fait dans le même inſtant.

Qu'au ſecond temps l'avant-bras gauche ſoit
collé au fuſil, & le coude droit ſerré au corps,
le Soldat ayant la tête & le corps bien fermes.

Qu'au troiſième temps la main droite doit ſe
placer au bout du canon au même moment que
le bras gauche tombe tendu de toute ſa longueur.

6.ᵉ COMMANDEMENT.

Portez vos armes ſur l'épaule.

Au troiſième temps le Soldat aura attention
de ne faire aucun mouvement de la tête ni du
corps, & que le fuſil, en arrivant à l'épaule, y
trouve ſur le champ ſa ſituation, en même temps
que le Soldat ſerrera le coude gauche au corps.

Au quatrième temps, en laiſſant tomber la
main droite pendante ſur le côté, il obſervera de
contenir le porte-cartouche pour l'exécution des
quatre commandemens ſuivans.

7.ᵉ 8.ᵉ 9.ᵉ & 10.ᵉ COMMANDEMENS.

A droite, à gauche, demi-tour à droite,
demi-tour à gauche.

Les attentions qu'il faut avoir dans ces quatre
commandemens, conſiſtent à garder exactement
l'intervalle de ſix pouces entre les deux talons,
à ne point laiſſer chanceler le corps ni les armes,
à ne tourner ni trop ni trop peu, & à exécuter les
mouvemens bruſquement, ſans ſauter.

15.ᵉ COMMANDEMENT.

Retirez vos armes.

Au lieu de laiſſer tomber le fuſil horizontale-
ment,

ment, on le retirera vivement, la croſſe ſous le bras droit, & le bout du canon plus élevé d'un pied & demi que le baſſinet, la platine vis-à-vis la poitrine, la ſoûgarde en avant & au deſſus du teton droit, le coude gauche collé au corps, & le pouce de la main droite ſur le chien, prêt à le mettre en ſon repos: à l'égard des pieds, on rapprochera le droit à ſix pouces & en équerre derrière le gauche.

19.ᵉ COMMANDEMENT.

Amorcez.

Les armes ſeront tenues fermes dans leur poſi-tion, & la main droite ſera portée à la fin du temps derrière la batterie.

21.ᵉ COMMANDEMENT.

Paſſez vos armes du côté de l'épée.

Au lieu de faire un demi-tour à gauche pour exécuter ce commandement, on fera les mouve-mens ſuivans en deux temps.

Au premier, en même temps que l'on avan-cera le pied droit pour joindre les deux talons en équerre, & que le corps ſe tournera un peu ſur la gauche, on baiſſera la croſſe du fuſil avec les deux derniers doigts de la main droite, la fai-ſant couler vivement le long du corps, & la por-tant par le même mouvement, appuyée contre la partie extérieure de la cuiſſe gauche, le bras droit étendu dans toute ſa longueur, les armes bien à plomb, le canon du fuſil tourné en dehors, & la main gauche gliſſant le long du canon juſqu'à la hauteur du menton.

Au ſecond temps, ſans que le corps ni les jam-bes remuent, on baiſſera vivement les armes avec la main gauche, de façon que le canon du fuſil reſte toûjours en dehors, & que le talon arrive à quatre doigts de terre & à environ quatre pouces ſur la gauche du pied gauche, la main gauche te-nant ferme le fuſil appuyé vers le ceinturon, le bras un peu courbé; & l'on portera la main droite bruſquement à la hauteur & touchant le bout du canon avec les deux derniers doigts, le cooude détaché du corps.

23.ᶜ COMMANDEMENT.

Tirez la baguette.

On la tirera par deux mouvemens de bras très-prompts, la faifant retourner dans un fens parallèle à celui du corps, de manière qu'elle paffe entre l'intervalle que laiffe entre les files l'effacement du corps.

Quand un Soldat fera tomber fa baguette par mal-adreffe, ou fon chapeau, ou fa bayonnette, en quelque temps de l'exercice que ce foit, il ne la ramaffera point, & il attendra que l'Officier qui commandera l'exercice, donne ordre à un Sergent de le faire.

24.ᶜ COMMANDEMENT.

Bourrez.

En reportant la baguette fur le ceinturon après avoir bourré, on la raccourcira à environ un pied du petit bout.

25.ᶜ COMMANDEMENT.

Remettez la baguette en fon lieu.

On enfoncera d'abord la baguette jufqu'à ce que la main touche le bout du canon, ayant atten-tion de lui faire bien enfiler les deux premiers te-nons, pour qu'elle puiffe être enchaffée tout de fuite, après quoi les Soldats auront attention de déployer enfemble le bras droit, fans depaffer la pointe de la bayonnette, pour pouffer la baguette d'un feul mouvement qui ramenera la main droite au bout du canon qu'elle empoignera tout de fuite.

26.ᶜ COMMANDEMENT.

Haut les armes.

Ce mouvement fera réduit à un feul temps au lieu de deux, pendant lequel on relèvera le fufil

de la main gauche, & on le faifira tout de fuite
avec la droite au deffous de la platine, plaçant
dans le même inftant le pied droit à côté du gauche, fur la même ligne, faifant face en tête.

28.ᵉ COMMANDEMENT.

Portez vos armes fur le bras gauche.

A la fin du fecond temps le fufil doit fe trouver
dans une fituation perpendiculaire, le canon en
dehors.

33.ᵉ COMMANDEMENT.

Pofez le fufil à terre.

Au premier temps, le Soldat, en tournant fur
les deux talons, doit prendre garde que fon fufil
continue d'être bien perpendiculaire.

Au fecond temps, il laiffera couler la main jufqu'à la moitié du canon, en faifant en avant un
pas de deux pieds pour pofer le fufil à terre ; ce
qui s'exécutera en courbant le corps très-brufque-
ment & comme tout d'une pièce, & portant la
main gauche derrière le dos pour contenir la bre-
telle de la giberne.

35.ᵉ COMMANDEMENT.

Haut le fufil.

En élevant le fufil de la main droite au premier
temps, on aura attention que cette main ne paffe
pas la pointe du chapeau.

39.ᵉ COMMANDEMENT.

Renverfez le fufil.

Au troifième temps en renverfant le fufil, la
croffe doit paffer entre le bras droit & le corps.

40.ᵉ COMMANDEMENT.

Portez le fufil fur l'épaule.

Au deuxième temps la croffe du fufil doit paffer
de même entre le corps & le bras droit.

44.ᵉ COMMANDEMENT.

A droite & à gauche ferrez vos files.

Les Soldats après avoir fait à droite & à gauche, partiront enfemble du pied gauche : au mot de *marche*, ils auront la jambe bien tendue, la lèveront & la poferont tous en même temps, faifant des pas de deux pieds; & les files les plus proches du centre s'arrêteront fucceffivement à mefure qu'elles arriveront fur leur terrein.

Les Officiers & Sergens placés en avant & en arrière du bataillon, feront à droite & à gauche de même que les Soldats, & fuivront le mouvement de leurs troupes pour fe trouver toûjours vis-à-vis les intervalles par lefquels ils devront retourner à leur place : les Sergens des flancs marcheront auffi devant eux, afin d'être toûjours à la même diftance du bataillon.

45.ᵉ COMMANDEMENT.

Serrez les rangs à la pointe de l'épée.

Au mot de *marche*, les Soldats des trois derniers rangs s'ébranleront en même temps pour faire enfemble des pas de deux pieds; & ils s'arrêteront fucceffivement à mefure qu'ils auront ferré à un pied de diftance l'un de l'autre.

Les Officiers & Sergens placés derrière le bataillon, fuivront ce mouvement pour être toûjours à la même diftance du dernier rang du bataillon.

53.ᵉ COMMANDEMENT.

Genou en terre.

Ce commandement s'exécutera en deux temps.

Au premier, les Soldats du premier rang porteront le pied droit derrière le talon gauche en équerre, tournant la pointe du pied gauche en avant; ceux du fecond rang porteront le pied gauche deux pouces en avant & vis-à-vis la pointe du pied droit, fans la déborder; les Soldats du troifième rang ferreront le talon droit contre le

talon

talon gauche; ceux du quatrième rang porteront le pied gauche un pied en avant du pied droit, de façon que la pointe du pied foit à côté & à droite du talon droit de celui du troifième rang de fa file.

Au fecond temps, les Soldats des deux premiers rangs tomberont brufquement le genou droit en terre, douze pouces en arrière du talon gauche; obfervant que, fans remuer le pied gauche, la jambe fe trouve bien à plomb, & que la droite foit placée fur la même ligne fans la croifer : ceux du troifième rang porteront le talon gauche en avant, vis-à-vis d'où étoit la pointe de ce même pied, ayant attention de ne le pas jeter plus fur la gauche; ceux du quatrième rang joindront le pied droit au talon gauche : les quatre rangs armeront en même temps leurs fufils.

54.ᵉ COMMANDEMENT.

En joue.

En un temps, on appuyera la croffe à l'épaule droite, en tenant le coude droit ferré, les troifième & quatrième rangs portant le haut du corps en avant.

56.ᵉ COMMANDEMENT.

Chargez vos armes.

Ce commandement s'exécutera dans le même nombre de quatorze temps, porté par l'Ordonnance, avec les différences ci-après expliquées.

Au premier temps, les quatre rangs retirant leurs armes, comme il eft expliqué au quinzième commandement, les Soldats des deux premiers rangs fe relèveront brufquement, ceux du premier reportant le pied droit à fix pouces en arrière du talon gauche, & ceux des trois derniers s'aligneront promptement fur leurs chefs de file, dans la pofition prefcrite dans l'explication fur le quinzième commandement.

Le mouvement de paffer les armes du côté de l'épée fe fera aux huitième & neuvième temps, ainſi qu'il eſt marqué dans l'explication ſur le vingt-unième commandement.

Le dernier temps s'exécutera comme dans l'explication ſur le vingt-ſixième commandement.

58.ᵉ COMMANDEMENT.

Portez vos armes ſur le bras gauche.

Mêmes obſervations qu'au vingt-huitième commandement.

On ne fera defferrer les rangs & les files que quand on voudra recommencer l'exercice; & pour que les Officiers & Sergens puiſſent retourner à leur place, le Major fera le commandement ſuivant.

Par compagnie ſerrez vos files ſur le centre.

Les Soldats pour l'exécuter, ſe ſerreront de droite & de gauche ſur le centre de leurs compagnies, en ſe jetant bruſquement de côté.

Et lorſque les tambours appelleront, les Officiers & Sergens viendront reprendre leur place, paſſant par les intervalles entre les compagnies, & obſervant que les Capitaines doivent arriver les premiers, les Lieutenans enſuite, & les Sergens les derniers.

SUPPLÉMENT

Pour les commandemens qui n'ont point été inférés dans l'Ordonnance du 7 mai 1750.

COMMANDEMENS que l'on peut faire au Soldat portant le fufil fur l'épaule.

I.

POUR L'INSPECTION DES ARMES.

Mettez la bayonnette au bout du canon.

EN fix temps, comme aux deuxième, troifième, quatrième & cinquième commandemens de l'Ordonnance.

Repofez-vous fur vos armes en avant.

En deux temps: Au premier, le Soldat portera fes armes devant lui de la main droite qu'il tiendra à hauteur du nœud de la cravatte, & portera la main gauche au deffous de la droite.

Au fecond, il pofera la croffe à terre entre fes deux pieds, & quittera vivement fes armes de la main droite.

Tirez vos épées.

En trois temps: Au premier, on paffera la main droite par deffus le fufil, pour la porter à l'épée, & on commencera à la dégager du fourreau.

Au deuxième, on portera l'épée près du fufil, la tenant parallèle au canon, les deux mains à même hauteur.

Au troifième, on croifera l'épée fur le fufil, la paffant fous les deux premiers doigts de la main gauche, la pointe d'un demi-pied plus éloignée du canon que la poignée, & plus élevée d'environ un pied.

Remettez vos épées.

En trois temps : Au premier, on relèvera la pointe de l'épée en la dégageant de deſſous les doigts de la main gauche, & on la tiendra parallèle au fuſil.

Au deuxième, on la remettra dans le fourreau, tenant toûjours la poignée de la main droite.

Au troiſième, on reportera la main droite au deſſus de la gauche pour empoigner le fuſil.

Ouvrez le porte-cartouche.

Le Soldat portera vivement la main droite au porte-cartouche, & en relèvera la patte.

Joignez la main droite au fuſil.

En un temps, il portera la main droite au bout du canon.

Remettez la bayonnette dans le fourreau.

Comme aux trentième & trente-unième commandemens.

Mettez la baguette dans le fuſil.

En trois temps : Au premier, laiſſant la croſſe du fuſil poſée à terre à la même place, la main gauche en fera pancher le bout du côté droit le plus qu'il ſe pourra, & la droite ſaiſira en même-temps la baguette.

Au deuxième, on tirera la baguette comme il eſt dit au vingt-troiſième commandement.

Au troiſième, on la portera de biais au bout du canon dans lequel on la laiſſera tomber.

Retirez la baguette.

En deux temps : Au premier, on la retirera pour la reporter par le petit bout ſur le ceinturon.

Au deuxième comme au vingt-cinquième commandement.

Remettez-

Remettez-vous.

En quatre temps : Au premier, on élevera le fufil à plomb de la main droite à un pied de terre, faifant glisser la main gauche à un demi-pied de l'extrémité fupérieure de la platine.

Au deuxième, on passera la main droite au deffous de la foûgarde, & on portera le fufil droit, perpendiculairement entre les deux yeux, la platine en dehors, & le pouce de la main gauche à la hauteur du menton.

Au troisième, on portera le fufil de la main droite fur l'épaule, & on passera la main gauche à quatre doigts du bout de la crosse.

Au quatrième, on laissera tomber la main droite pendante.

II.

Pour s'assurer que les armes ne foient point chargées.

Portez le fufil en avant.

En trois temps, comme au deuxième commandement de l'Ordonnance.

Mettez la baguette dans le fufil.

En deux temps : Au premier, on tirera la baguette comme il eft dit au vingt-troisième commandement de l'Ordonnance.

Au deuxième, après avoir porté la baguette de biais au bout du canon, on l'y laissera tomber.

Retirez la baguette.

En deux temps : Au premier, on la retirera pour la reporter par le petit bout fur le ceinturon.

Au deuxième, on la remettra en fon lieu, & on empoignera tout de fuite le bout du fufil.

Remettez-vous.

En quatre temps, comme ci-deffus.

F

Toutes les fois que l'on devra faire l'exercice, on obfervera de faire exécuter ces commandemens avant de le commencer, afin d'éviter les accidens qui pourroient arriver, en fe fervant d'armes que l'on auroit oublié de décharger.

III.

Repofez-vous fur le fufil.

En quatre temps : Le premier & le deuxième comme au fecond commandement de l'ordonnance.

Aux troifième & quatrième, on empoignera de la main droite le bout du fufil, & on exécutera le furplus de ce qui eft prefcrit au trente-deuxième commandement de l'Ordonnance.

COMMANDEMENS que l'on pourra faire au Soldat étant repofé fur le fufil.

I.

POUR L'INSPECTION.

Repofez-vous fur le fufil en avant.

En deux temps : Au premier, il portera le fufil devant lui, de la main droite, joignant la gauche au deffous de la droite.

Au deuxième, il pofera la croffe à terre entre fes deux pieds, comme il a été dit ci-deffus en partant du fufil fur l'épaule.

Mettez la bayonnette au bout du canon.

En trois temps : Au premier, tenant ferme de la main gauche le fufil ainfi pofé, on portera la droite à la bayonnette, & on la dégagera.

Au deuxième, on portera la bayonnette à un pouce au deffus du bout du fufil.

Au troifième, on l'emboîtera dans le canon en un feul mouvement, & on replacera la main droite au bout du canon.

On fera enfuite les commandemens ci-deffus pour l'infpection des épées & des cartouches,

pour remettre les bayonnettes, & pour mettre &
retirer la baguette ; après quoi le Soldat ayant
reporté la main droite au bout du fufil en le
redreffant, on commandera :

Remettez-vous.

En deux temps : Au premier, la main droite portera le fufil fur la droite, l'élevant à quatre doigts
de terre, & la main gauche gliffera en même temps
le long du canon à la hauteur du ceinturon.

Au fecond temps, la main droite laiffera tomber
le fufil à terre, & la gauche prendra fa place fur
le côté.

I I.

Portez le fufil fur l'épaule.

En quatre temps : Au premier, on élevera le fufil
de la main droite d'un pied de terre, en le rap-
prochant de la cuiffe droite, & on joindra tout
de fuite la main gauche à un demi-pied de l'extrémité fupérieure de la platine.

Les trois autres temps comme au commandement de *Remettez-vous,* en partant du fufil fur
l'épaule.

COMMANDEMENT qu'on peut faire au Soldat ayant les armes préfentées.

Reprenez la bayonnette.

En quatre temps : Au premier, on fera à gauche
pour faire face en tête, & la main droite quittant
le fufil on le retournera de la main gauche en
la portant à un demi-pied de la partie gauche de
la cuiffe gauche, le bras gauche étendu de toute
fa longueur, tenant le fufil de biais, le bout pen-
ché du côté droit ; & la main droite empoignera
le bout du canon, obfervant que le bout du pouce
foit au bout de la monture vis-à-vis & à la hauteur
de l'épaule, le coude à demi courbé fans être levé,

Les trois autres temps comme il eft dit aux
trentième & trente-unième commandemens de
l'Ordonnance.

COMMANDEMENT que l'on peut faire au Soldat ayant la bayonnette au bout du fufil, & portant fes armes en avant.

Préfentez vos armes.

En un temps : en faifant à droite, la main droite qui tenoit le bout du fufil le quittera pour l'empoigner derrière le chien, la main gauche retournant le fufil, de manière que le bout fe trouve vis-à-vis l'œil gauche, comme il étoit auparavant vis-à-vis l'œil droit.

COMMANDEMENT pour que le Soldat qui porte fon fufil, le porte fur l'épaule.

Portez le fufil fur l'épaule.

En quatre temps : Au premier comme au premier temps du quarante-fixième commandement de l'Ordonnance.

Au fecond, on placera la main gauche fur la croffe, à quatre doigts du bout, tenant le fufil bien perpendiculairement droit entre la tête & l'épaule, le canon en dehors.

Les troifième & quatrième temps comme au fixième commandement de l'Ordonnance.

A PARIS, DE L'IMPRIMERIE ROYALE. 1753.